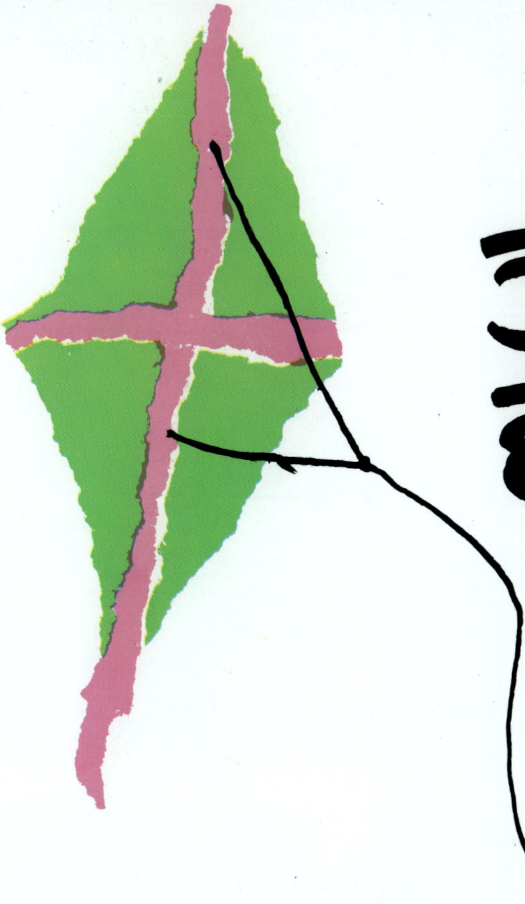

अशोक की हरी पतंग

लेखन: मार्गरेट किड
चित्रांकन: मेरिलिन हर्श

चिल्ड्रन्स बुक ट्रस्ट, नई दिल्ली

अशोक और सोना एक घर में रहते थे। उनका घर बड़े शहर के पास था।

दादा, दादी, बाबा, मां और छोटा मुन्ना भी उसी घर में रहते थे।

उनके घर के पास ढेर सारी रेत थी।
अशोक और सोना को रेत में
खेलना अच्छा लगता था।

मां कभी–कभी मुन्ने को भी उनके साथ खेलने छोड़ देती थी।

पर मुन्ने को खेलना नहीं आता था। वह सारे खेल बिगाड़ देता था।

अशोक को दूसरे लड़कों के साथ पतंग उड़ाना बहुत भाता था।

सोना डोर संभालने में
उसकी मदद करती थी।

अशोक की सबसे प्यारी पतंग हरी पतंग थी। वह उसे आसमान तक उड़ा सकता था। उनके घर के पास एक छोटी पहाड़ी थी।

एक दिन अशोक और सोना हरी पतंग को पहाड़ी पर ले गए।

पहाड़ी पर चढ़कर
वे पतंग उड़ाने लगे।
दोनों ने मुड़कर घर
की ओर देखा।

दूर बगीचे में वह बड़ी-सी चीज़ क्या थी?

वह एक गाय थी, बगीचे की गोभियां खा रही थी।

गाय को भगाने के
लिए अशोक तेज़ी से दौड़ा।
सोना पतंग की डोर पकड़े खड़ी रही।

जब गाय भाग गई तब अशोक दौड़कर फिर सोना के पास गया।

पर सोना गई कहां? वह पहाड़ी पर नहीं थी। अशोक दौड़कर चोटी पर चढ़ा और चारों ओर देखने लगा।

उसने देखा, सोना पहाड़ी
के दूसरी तरफ़ थी। वह पतंग की
डोर से लटकी हुई थी। अशोक उसकी
मदद करने फिर नीचे भागा।

“तुम्हारी पतंग तो बहुत भारी है,”
सोना ने कहा, “इसने मुझे
घसीटकर यहां पहुंचा दिया।
पर मैंने भी इसे छोड़ा नहीं,
पकड़े रखा।”

"तुम बड़ी अच्छी बहन हो," अशोक ने कहा, "मैं तुमसे बहुत खुश हूं। तुम न होती तो मेरी हरी पतंग ज़रूर खो जाती।"

मां ने उन दोनों को खाने
के लिए बुलाया।
और वे एक-दूसरे का हाथ
पकड़कर घर आ गए।